Voleurs de trésors

Texte

Daniel Lucas

Dessins et couleurs

André Caliman

Première édition : 2019
www.malamutecomics.com

ISBN : 978-84-949475-4-4
DL : M-14079-2019

Illustration de la couverture : André Caliman
Traduction et édition : Thomas Chaurin
Activités : Thomas Chaurin et Esteban Bayón
Maquette : David Márquez et André Caliman

Les activités des pages 25 et 51 ont été conçues en utilisant des illustrations tirées de Freepick.com

Imprimé en Espagne en 2019

Information pour le professeur

BD pour apprendre les langues est une série de bandes dessinées calibrées par niveau conçues spécialement pour les apprenants de la langue française.

Dans *Voleurs de trésors,* le lecteur trouvera une captivante histoire de niveau A1/A2 en bandes dessinées ainsi que les compléments suivants :

- une série d'activités à effectuer avant, pendant et après la lecture ;
- un glossaire français/anglais/espagnol comprenant les mots et expressions les plus difficiles pour les apprenants. Ces mots apparaissent en couleur orange tout au long de l'histoire ;
- les solutions des activités proposées.

Pourquoi des bandes dessinées ?

La bande dessinée est un outil pédagogique qui offre de nombreux avantages :

- les images renforcent le texte narratif et en facilitent la compréhension ;
- la présence d'éléments visuels pertinents permet d'augmenter la mémorisation des éléments linguistiques, et notamment du vocabulaire ;
- l'apprenant est immergé dans un contexte communicatif réel riche en informations d'ordre pragmatique ;
- grâce aux images, la déperdition cognitive et le risque d'ennui des apprenants sont moindres ;
- les images suscitent l'intérêt des apprenants et leur donnent envie de continuer la lecture ;
- dans une société de plus en plus visuelle, l'image est devenue un moyen de communication et d'apprentissage avec lequel les apprenants se sentent très à l'aise ;
- les images aident les apprenants à acquérir des habitudes et des compétences de lecture ;
- elles permettent le développement de la pensée interprétative puisque c'est le lecteur qui fait le lien entre chaque vignette ;
- elles développent la motivation des apprenants, ce qui se traduit par un intérêt accru pour l'apprentissage de la langue. Quand l'apprenant s'amuse, il apprend plus et mieux.

C'est pour toutes ces raisons que *Voleurs de trésors* est une ressource très utile pour l'apprentissage en classe ou la lecture individuelle.

Dans cette bande dessinée, Pierre et ses amis ont seize ans et font du skateboard. Alors que les vacances d'été commencent, une vague de mystérieux cambriolages frappe les principaux musées du monde. Pierre découvre l'origine de ces vols et est entraîné dans un voyage qu'il n'aurait pas pu imaginer. Un incroyable voyage dans le passé, qui l'emmènera jusqu'au Japon médiéval.

Préparons la lecture

1 **Découvre les personnages de l'histoire. Relie la description à l'image correspondante :**

1. Amélie a les cheveux châtains et lisses. Elle a les yeux verts. C'est une fille très sympa. Elle aime porter des vêtements orange.
2. Pierre a seize ans. Il a les cheveux bruns et les yeux noirs. Il est mince et porte toujours une casquette bleue.
3. Hugo a les cheveux blonds et frisés et les yeux bleus. Il a des **taches de rousseur**.

a) Description ☐   b) Description ☐   c) Description ☐

2 **L'histoire que tu vas lire se passe dans différents lieux de la ville. Complète la grille de mots croisés avec les mots suivants :**

BOUCHERIE • ÉPICERIE • BIJOUTERIE • PHARMACIE • POISSONNERIE • FROMAGERIE • PAPETERIE • PÂTISSERIE • LIBRAIRIE • LYCÉE • BOUTIQUE • GARE • BOULANGERIE

HORIZONTALEMENT

1. Synonyme de **magasin**.
2. Magasin où on **vend** des **bijoux**.
3. Magasin où on vend des gâteaux.
4. Magasin où on vend du poisson.
5. Magasin où on vend de tout, des fruits, des légumes, des **aliments en conserve**, etc.
6. Lieu où on **prend** le train.
7. Magasin où on vend des **médicaments**.
8. École secondaire pour les 15-18 ans.
9. Magasin où on vend des livres.
10. Magasin où on vend du pain.
11. Magasin où on vend de la viande.
12. Magasin où on vend du fromage.
13. Magasin où on vend du papier, des cahiers, des stylos, des crayons.

VERTICALEMENT

Quincaillerie : c'est un magasin où on vend des **outils**, des articles de **bricolage**, des objets de cuisine, etc. C'est un lieu important dans cette histoire. **Devine** pourquoi :

a) C'est le lieu où **travaille** le père de Pierre.
b) Il y a une **fête** dans ce magasin.
c) Pierre découvre **quelque chose** d'important dans ce magasin.

IL EST QUATRE HEURES ET DEMIE AU LYCÉE.
DRIIING
LES ÉLÈVES SORTENT DE CLASSE.
LYCÉE DU VAL
PIERRE ET SES AMIS AUSSI.
PIERRE A SEIZE ANS. IL A LES CHEVEUX BRUNS ET LES YEUX NOIRS. IL EST MINCE ET PORTE TOUJOURS UNE CASQUETTE BLEUE.
SES MEILLEURS AMIS S'APPELLENT AMÉLIE ET HUGO. ILS ONT SEIZE ANS AUSSI.
LES AMIS, C'EST JEUDI AUJOURD'HUI ! DEMAIN, C'EST LE DERNIER JOUR D'ÉCOLE. C'EST SUPER !
VOUS ALLEZ OÙ MAINTENANT ?
AMÉLIE A LES CHEVEUX CHÂTAINS ET LISSES ET LES YEUX VERTS. ELLE EST TRÈS SYMPA. ELLE AIME PORTER DES VÊTEMENTS ORANGE.
MOI, JE RENTRE À LA MAISON. JE DOIS RÉVISER POUR LE CONTRÔLE DE DEMAIN.
HUGO A LES CHEVEUX BLONDS ET FRISÉS ET LES YEUX BLEUS. IL A DES TACHES DE ROUSSEUR. IL EST UN PEU TIMIDE.
C'EST VRAI ! LE CONTRÔLE DE MATHÉMATIQUES ! MOI AUSSI JE DOIS RÉVISER.

MOI AUSSI JE DOIS RÉVISER. HA, HA, HA !
?
TU RENTRES À LA MAISON POUR RÉVISER TES MATHÉMATIQUES AVEC MAMAN ? HA, HA, HA !
HA, HA, HA !
HA, HA, HA !
QU'EST-CE QUE TU VEUX LUCAS ?
TU N'AS AUCUNE CHANCE DE GAGNER LA COURSE, MON GARS ! C'EST MOI QUI VAIS GAGNER DIMANCHE ! TU COMPRENDS ?
ET APRÈS, TU VAS PLEURER COMME UN BÉBÉ !
HA, HA, HA !
HA, HA, HA !
TU ES BÊTE LUCAS !
CETTE FILLE EST PLUS COURAGEUSE QUE TOI !
ET ALORS MON GARS, TU NE DIS RIEN ?
TU NE ME FAIS PAS PEUR LUCAS. JE SUIS MEILLEUR QUE TOI AU SKATEBOARD.
AH OUI ? TRÈS BIEN ! ON VA BIEN S'AMUSER DIMANCHE !
JE T'ATTENDS À DIX HEURES POUR LA COURSE.
SALUT MON GARS.
RÉVISE BIEN !
NE FAIS PAS ATTENTION À LUI, PIERRE. IL EST BÊTE.
IL EST LOURD CE LUCAS. IL EMBÊTE TOUT LE MONDE AU LYCÉE.
HA, HA, HA !
HA, HA, HA !
BAH ! IL NE ME FAIT PAS PEUR.
JE RENTRE CHEZ MOI POUR RÉVISER ET APRÈS, JE VAIS PRÉPARER MON SKATEBOARD. SALUT !

DIMANCHE MATIN.
BUZZZ BUZZZ
DIM 2 JUILLET 8:45 RÉVEIL
IL EST NEUF HEURES MOINS LE QUART, C'EST L'HEURE DE SE LEVER !
GÉNÉRATIONS
SKATEBOARD
PIERRE S'HABILLE DANS SA CHAMBRE …
ENSUITE, IL PREND SON PETIT-DÉJEUNER DANS LA CUISINE …
UNE HEURE PLUS TARD …
COURSE
BONJOUR ! ÇA VA BIEN ?
CETTE ANNÉE ENCORE, NOUS ALLONS VOIR LA MEILLEURE COURSE DE SKATEBOARD DE LA VILLE !
GÉNIAL !
SUPER !
BRAVO !

CINQ KILOMÈTRES AVEC BEAUCOUP D'OBSTACLES !
LA COURSE LA PLUS DIFFICILE !
LA PLUS RAPIDE !
VOUS ÊTES PRÊTS ?
OUI !
OUI !
ALLEZ !
BONNE CHANCE LES AMIS !
5
15
23
19
PIERRE, JE T'ATTENDS À L'ARRIVÉE !
7
3, 2, 1...
PARTEZ !
ÇA VA AMÉLIE ?

?
?
?
UN KILOMÈTRE.
DEUX KILOMÈTRES.
HUM ! LUCAS SE RAPPROCHE DE MOI...
HIIIIIIIII
HIIIIIIIII
RUN!
TROIS KILOMÈTRES.

ATTENTION !
LE COUREUR NUMÉRO SEPT DOUBLE LE COUREUR NUMÉRO VINGT-TROIS !
QUATRE KILOMÈTRES.
LE COUREUR NUMÉRO VINGT-TROIS EST À NOUVEAU DEVANT LE COUREUR NUMÉRO SEPT !
QUELLE COURSE !
REGARDE MON GARS !
AHHHHHH
ARRIVÉE
EH ! TU VAS OÙ ?
TU NE PEUX PAS GAGNER !
C'EST MOI LE MEILLEUR !
ARRIVÉE
YOUPI !
QUELQUES MINUTES PLUS TARD…
ET LE GAGNANT EST… PIERRE DUJARDIN !
LA COURSE NE S'ARRÊTE PAS LÀ. ON VA S'AMUSER UN PEU AVEC CE GARS…

BRAVO PIERRE !
QU'EST-CE QU'ON FAIT MAINTENANT ?
ALLONS MANGER, J'AI FAIM !
IL Y A UN RESTAURANT MEXICAIN À CÔTÉ DU PARC, VOUS AIMEZ LA CUISINE MEXICAINE ?
OUI, BONNE IDÉE ! ALLONS-Y !
MEXICANO
J'ADORE !
QUARANTE MINUTES PLUS TARD…
DÉLICIEUX !
OUI, EXCELLENT !
REGARDEZ, ILS SONT LÀ… ALLONS-Y LES AMIS !
À DEMAIN !
À DEMAIN !
SALUT !
ON VA S'AMUSER UN PEU.
JE VAIS T'APPRENDRE LE RESPECT. HÉ, HÉ, HÉ !
VITE. FILONS ! ILS SONT TROIS CONTRE MOI.
OÙ EST-CE QUE JE PEUX ALLER ?
JE PEUX PEUT-ÊTRE…
PASSER PAR-DESSUS LA VOIE FERRÉE…
CAFÉ

IL EST LÀ !
OÙ EST-CE QUE JE SUIS ? JE NE CONNAIS PAS CE QUARTIER.
JE VAIS TOURNER À GAUCHE APRÈS L'ÉPICERIE.
ET LÀ, À DROITE !
VITE ! DERRIÈRE LA POUBELLE !
IL EST OÙ ?
JE NE SAIS PAS !
CINQ MINUTES PLUS TARD...
OUF ! IL N'Y A PLUS DE DANGER.
ILS SONT PARTIS.
?
QUINCAILLERIE
RÉPARATION D'ORDINATEURS
VITE ! DANS LA CAMIONNETTE !
ÇA AUSSI !
?

ALLEZ ! ON Y VA !
QUINCAILLERIE
VROOOOM
DEUX MINUTES PLUS TARD...
C'EST BIZARRE. C'EST JUSTE UNE QUINCAILLERIE...
QUINCAILLERIE
RÉPARATION D'ORDINATEURS
?
UN SAC !
QU'EST-CE QUE C'EST ?
QUINCAILLERIE
ALLONS-Y, IL FAUT VOIR LE CHEF.
ILS VONT SORTIR... JE FILE !
CE BUS JAUNE VA AU CENTRE VILLE.
LE SOIR...
GÉNÉRATIONS
SKATEBOARD COMPETITION
AMIS
J'AI LA PHOTO.
MOI AUSSI.
QU'EST-CE QUE C'EST ?
JE NE SAIS PAS.
AMIS
C'EST UNE ANTIQUITÉ, NON ?
JE CROIS QUE OUI.
ÇA VIENT D'OÙ ?
JE NE SAIS PAS.
AMIS
IL FAUT DEMANDER.
OUI. DEMAIN ON PEUT ALLER DANS LE QUARTIER DES ANTIQUAIRES.
BONNE IDÉE !

AMIS
J'AI SOMMEIL.
JE VAIS ME COUCHER. À DEMAIN. D'ACCORD ?
D'ACCORD ! À DEMAIN !
BONNE NUIT !
BONNE NUIT !
LE MATIN...
PIERRE, TU VEUX ENCORE DU LAIT ?
NON MERCI MAMAN.
DES VOLEURS VOLENT LA JOCONDE AU MUSÉE DU LOUVRE. LA POLICE CHERCHE LE TABLEAU DANS TOUTE LA VILLE...
VOL !
ÇA C'EST INCROYABLE !
ÇA RESSEMBLE À UN FILM, NON ?
BON, JE VAIS TRAVAILLER.
À CE SOIR !
SALUT PAPA !
À PLUS TARD !
TU VAS OÙ ?
LIRE MA NOUVELLE BD !
L'APRÈS-MIDI...
AMIS
À CINQ HEURES, PLACE DE L'HORLOGE, À LA SORTIE DU MÉTRO, D'ACCORD ?
OK !
D'ACCORD !
SALUT !
MÉTRO
VOUS ALLEZ BIEN ?
Antiquités
Objets Anciens
Antiquités d'Asie
Antiquités d'Asie
ON ENTRE ICI ?

BONJOUR !
BONJOUR. QU'EST-CE QUE JE PEUX FAIRE POUR VOUS ?
NOUS VOULONS SAVOIR CE QUE C'EST.
?
C'EST QUOI, MONSIEUR ?
ÇA RESSEMBLE À UNE CÉLÈBRE STATUETTE CHINOISE.
CÉLÈBRE ?
C'EST INCROYABLE. ELLE EST INDENTIQUE À L'ORIGINAL…
ET OÙ EST LA STATUETTE ORIGINALE ?
AU MUSÉE DE LA CITÉ INTERDITE À PÉKIN.
ET CETTE STATUETTE ORIGINALE EST TRÈS ANCIENNE ?
OUI, ELLE DATE DU DIX-SEPTIÈME SIÈCLE.
ET OÙ EST-CE QUE VOUS AVEZ TROUVÉ CETTE STATUETTE ?

C'EST UNE LONGUE HISTOIRE...
JE VEUX ACHETER CETTE STATUETTE.
DÉSOLÉ, MAIS JE NE VEUX PAS LA VENDRE.
JE PEUX PRENDRE UNE PHOTO ?
JE VAIS FAIRE UNE PETITE ENQUÊTE.
OUI BIEN SÛR. PAS DE PROBLÈME.
FLAAASH
JE M'APPELLE SHINOBU. TU M'ÉCRIS TON NUMÉRO DE TÉLÉPHONE S'IL TE PLAÎT ? SI JE TROUVE QUELQUE CHOSE, JE T'APPELLE.
BIEN SÛR, VOUS AVEZ UN STYLO ?
OUI, UN MOMENT...
QU'EST-CE QU'ON FAIT MAINTENANT ?
J'AI ENVIE DE RETOURNER AU MAGASIN.
VOUS VENEZ AVEC MOI ?
QUINCAILLERIE
C'EST LÀ.
ON ENTRE ?
DRIIING
DRIIING

C'EST FERMÉ, PIERRE.
QUINCAILLERIE
C'EST BIZARRE, IL EST SIX HEURES...
AU SECOURS.
QUINCAILLERIE
UNE MINUTE, J'ENTENDS QUELQUE CHOSE.
QUINCAILLERIE
OHÉ ?
IL Y A QUELQU'UN ?
AU SECOURS !
?
?
?
QU'EST-CE QU'ON FAIT LES AMIS ?
VROOOOM
ATTENTION ! UNE CAMIONNETTE ARRIVE !
QUINCAILLERIE
LA CAMIONNETTE BLEUE, FILONS !
TU CONNAIS CES JEUNES ?
DU CALME, C'EST SIMPLEMENT DES SKATERS.

TRENTE MINUTES PLUS TARD...
VOUS VOULEZ DES CHIPS ?
DES VOLEURS QUI SORTENT D'UN MAGASIN...
UNE PERSONNE À L'INTÉRIEUR QUI CRIE AU SECOURS...
JE NE COMPRENDS RIEN.
BON, IL EST TARD. JE DOIS RENTRER À LA MAISON. À DEMAIN ?
LE MATIN SUIVANT...
SUPER ! J'ADORE LES VACANCES !
GÉNÉRATIONS
SKATEBOARD COMPETITION
APRÈS LA DOUCHE, JE VAIS JOUER À LA PLAY STATION.
J'ARRIVE. J'ARRIVE.
DRIIING
DRIIING
C'EST QUI ?
BONJOUR PIERRE, C'EST SHINOBU, COMMENT VAS-TU ?
BIEN MERCI.
VIENS ME VOIR. TA STATUETTE EST AUTHENTIQUE.
Antiquités d'Asie
BONJOUR.
PAR ICI, ENTRE.

EST-CE QUE TU PEUX REGARDER CE JOURNAL ?
?
JOURNAL
VOL AU MUSÉE
DES VOLEURS VOLENT LE MASQUE DE TOUTANKHAMON AU CAIRE. C'EST LE DEUXIÈME VOL DANS CE MUSÉE EN DEUX JOURS.
LIS LA SUITE À LA DEUXIÈME PAGE.
LA VAGUE DE VOLS D'ANTIQUITÉS ARRIVE EN ASIE.
Des voleurs pillent le musée du palais de Pékin dans la Cité interdite.
INCROYABLE ! C'EST LA MÊME STATUETTE !
JE NE SAIS PAS COMMENT C'EST POSSIBLE…
… MAIS C'EST LA MÊME STATUETTE. C'EST L'ORGINAL !
MAIS CE N'EST PAS POSSIBLE. PÉKIN EST TRÈS LOIN !
ONCLE, TU ES LÀ ?
?
OUI TARO, JE SUIS LÀ, ENTRE.
JE TE PRÉSENTE TARO, MON NEVEU.
ENCHANTÉ.
BONJOUR TARO, JE SUIS PIERRE.
PIERRE, TU DOIS ME MONTRER LE MAGASIN.
JE VEUX SAVOIR S'IL Y A D'AUTRES OBJETS ANTIQUES.
JE N'AI PAS ENVIE DE RETOURNER LÀ-BAS.
C'EST DANGEREUX.

NE T'INQUIÈTE PAS, PIERRE. TARO EST POLICIER. JE VEUX SEULEMENT ALLER VOIR.
ON PREND MA VOITURE ?
VROOOM
AMIS
LES AMIS, JE SUIS AVEC SHINOBU, NOUS ALLONS À LA QUINCAILLERIE, VOUS VENEZ ?
OUI, J'ARRIVE DANS 30 MINUTES.
MOI AUSSI.
QUINCAILLERIE
C'EST LÀ.
TRÈS BIEN.
DRIIING
DRIIING
DRIIING
AU SECOURS.
AU SECOURS.
IL FAUT ENTRER.
ATTENTION ONCLE !
CLAC !

ALLONS-Y !
AU SECOURS !
SALUT !
QUINCAILLERIE
RÉPARATION D'ORDINATEURS
QU'EST-CE QU'ILS FONT LÀ ?
C'EST MES AMIS, IL Y A UN PROBLÈME ?
NON, TOUT VA BIEN, ALLONS-Y.
AU SECOURS !
PAR LÀ !
INCROYABLE !
LES TRÉSORS DES MUSÉES !

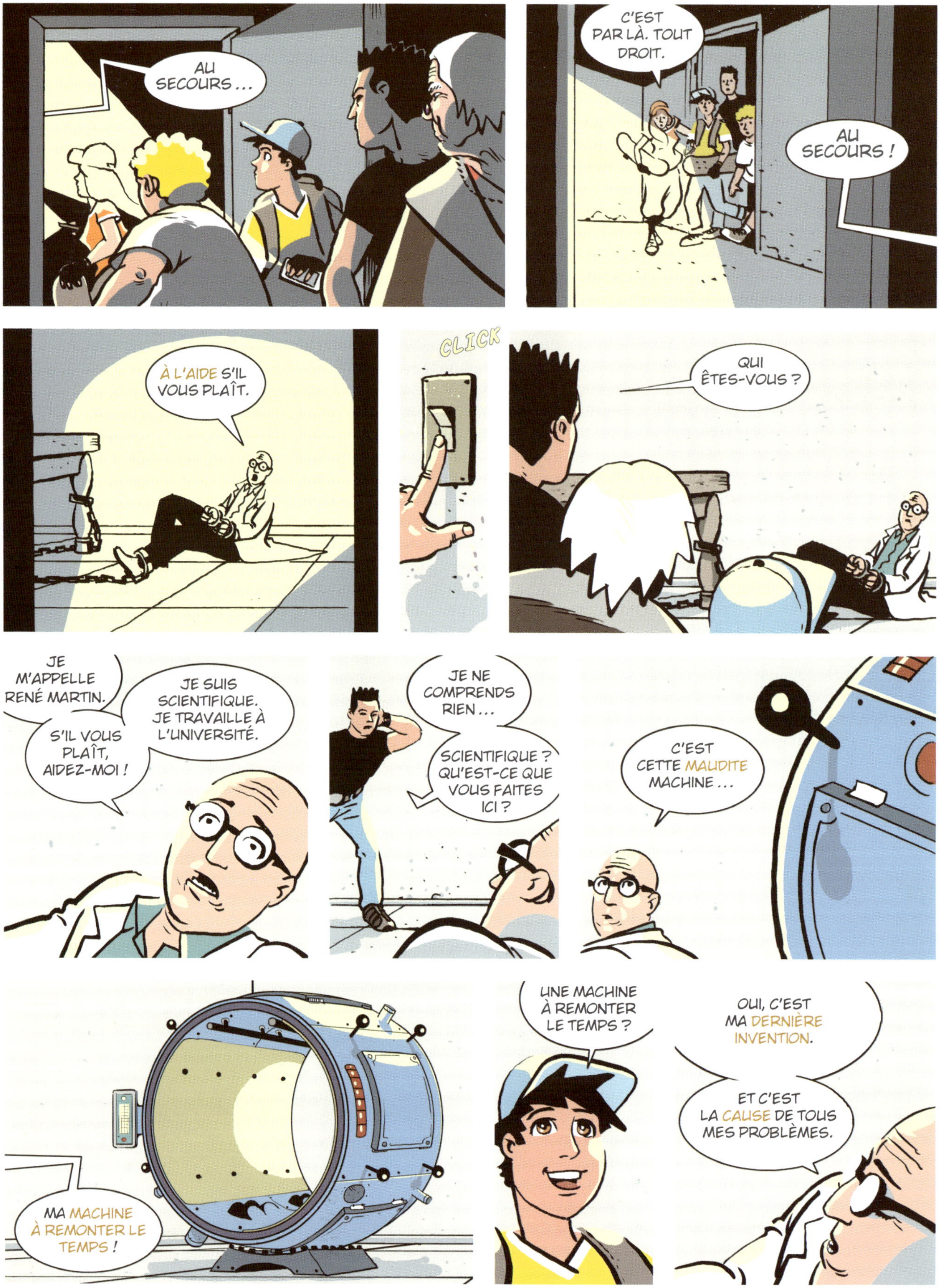
AU SECOURS...
C'EST PAR LÀ. TOUT DROIT.
AU SECOURS !
À L'AIDE S'IL VOUS PLAÎT.
CLICK
QUI ÊTES-VOUS ?
JE M'APPELLE RENÉ MARTIN.
S'IL VOUS PLAÎT, AIDEZ-MOI !
JE SUIS SCIENTIFIQUE. JE TRAVAILLE À L'UNIVERSITÉ.
JE NE COMPRENDS RIEN...
SCIENTIFIQUE ? QU'EST-CE QUE VOUS FAITES ICI ?
C'EST CETTE MAUDITE MACHINE...
MA MACHINE À REMONTER LE TEMPS !
UNE MACHINE À REMONTER LE TEMPS ?
OUI, C'EST MA DERNIÈRE INVENTION.
ET C'EST LA CAUSE DE TOUS MES PROBLÈMES.

POURQUOI ?
LES VOLEURS DE LA BANDE DU COBRA NE ME LAISSENT PAS SORTIR DE CETTE PIÈCE.
ET ILS UTILISENT MA MACHINE POUR ALLER DANS LE PASSÉ.
DANS LE PASSÉ ?
OUI, ILS VONT DANS LE PASSÉ POUR VOLER DES ANTIQUITÉS...
DES TRÉSORS DE GRANDE VALEUR...
ET ENSUITE ILS VENDENT CES TRÉSORS AU MARCHÉ NOIR.
JE COMPRENDS MAINTENANT.
LA JOCONDE, LE MASQUE DE TOUTANKHAMON, LES TRÉSORS DE PÉKIN...
ILS VOLENT LES OBJETS DANS LE PASSÉ, ET APRÈS, LES OBJETS DISPARAISSENT DES MUSÉES DANS LE PRÉSENT !
C'EST QUI LA BANDE DU COBRA ?
S'IL VOUS PLAÎT, VOUS POUVEZ M'ENLEVER CES MENOTTES D'ABORD ?
LES CLÉS SONT DANS LE PREMIER TIROIR, À L'ENTRÉE DU MAGASIN.
REGARDE, JULES !
ON A DES VISITEURS.
JE N'AIME PAS LES VISITEURS CURIEUX.
ATTACHONS-LES !
ET ENSUITE, NOUS PARTONS DANS LE PASSÉ.
AÏE !
PAF

Une pause dans la lecture...

3 **Avant de continuer l'histoire de Pierre et de ses amis, voici quelques questions sur la première partie de cette histoire. Choisis la bonne réponse :**

1. **Pourquoi Hugo doit rentrer à la maison ?**
   a. Pour préparer son skateboard.
   b. Pour réviser ses mathématiques.
   c. Pour **goûter** avec ses amis.
2. **Lucas...**
   a. Veut réviser ses mathématiques.
   b. Veut jouer à la playstation avec Amélie.
   c. **Provoque** Pierre.
3. **Le matin de la course, Pierre se lève...**
   a. Et se douche.
   b. Tard.
   c. S'habille et prend son petit-déjeuner.
4. **Pierre termine la course de skateboard...**
   a. Le premier.
   b. Le dernier.
   c. Après Lucas.
5. **Pierre trouve une statuette...**
   a. Dans une poubelle.
   b. Devant une quincaillerie.
   c. Au lycée.
6. **Pierre, Amélie et Hugo commencent leur enquête sur la statuette...**
   a. Dans un magasin d'antiquités.
   b. Dans un restaurant mexicain.
   c. Dans une boulangerie.
7. **La statuette est un objet...**
   a. Égyptien.
   b. Français.
   c. Chinois.
8. **Le neveu de Shinobu est...**
   a. Pharmacien.
   b. Boulanger.
   c. Policier.

4 **Shinobu est un personnage important de cette histoire. Regarde l'image et complète la description avec le vocabulaire suivant :**

1. **jeune/vieux**
2. **blancs/blonds**
3. **longs/courts**
4. **frisés/lisses**
5. **clairs/sombres**
6. **une casquette/des lunettes**

Monsieur Shinobu travaille dans un magasin d'antiquités.

Il est (1) .... Il a les cheveux (2) ...., (3) .... et (4) ....

Shinobu a les yeux (5) .... et porte toujours (6) ....

5 En sortant du lycée, Lucas provoque Pierre. **Indique** si ces adjectifs sont positifs ou négatifs :

- sympathique + −
- **antipathique** + −
- intelligent + −
- sérieux + −
- **aimable** + −
- curieux + −
- **mal élevé** + −
- sociable + −
- courageux + −
- agressif + −
- **immature** + −

Complète la description de Lucas et de Pierre. Utilise des adjectifs positifs ou négatifs :

Lucas est...

....

....

Pierre est...

....

....

6 6.1 **Le scientifique René Martin invente une machine à remonter le temps. Est-ce que tu connais le nom des appareils suivants ? À quoi est-ce qu'ils servent ? Écris le nom de l'appareil qui correspond à chaque définition :**

1

2

3

4

5

6

7

8

a. Sert à écouter des **informations**, de la musique. **Appareil :**..

b. Sert à parler à quelqu'un qui **se trouve** à distance. **Appareil :**..

c. Sert à se connecter à Internet, à écrire des **courriels**. **Appareil :**..

d. Sert à contrôler un appareil à distance. **Appareil :**..

e. Sert à jouer. **Appareil :**..

f. Sert à laver les **vêtements** et le **linge**. **Appareil :**..

g. Sert à **conserver** la nourriture. **Appareil :**..

h. Sert à regarder un film, les informations. **Appareil :**..

6.2 **Regarde l'image à gauche. C'est un appareil que le scientifique va donner à Pierre dans la suite de l'histoire. À quoi est-ce qu'il peut servir ?**

Exemple : Je crois qu'il sert à contrôler la machine à remonter le temps.

ON N'EST PAS LÀ POUR S'AMUSER.
RENÉ, LA MACHINE. VITE !
VOUS ALLEZ OÙ ?
WHOOOSH
FZZZZZZZZZ
À YOKOHAMA AU JAPON EN 1610. HA HA HA !
FZZZZZZZZZ
AÏE !
PAF
LES AMIS, SORTEZ, VITE !
EH, TOI ! OÙ TU VAS ?
OUI, TOI, OÙ VAS-TU ?
TU VIENS AVEC NOUS DANS LA MACHINE.

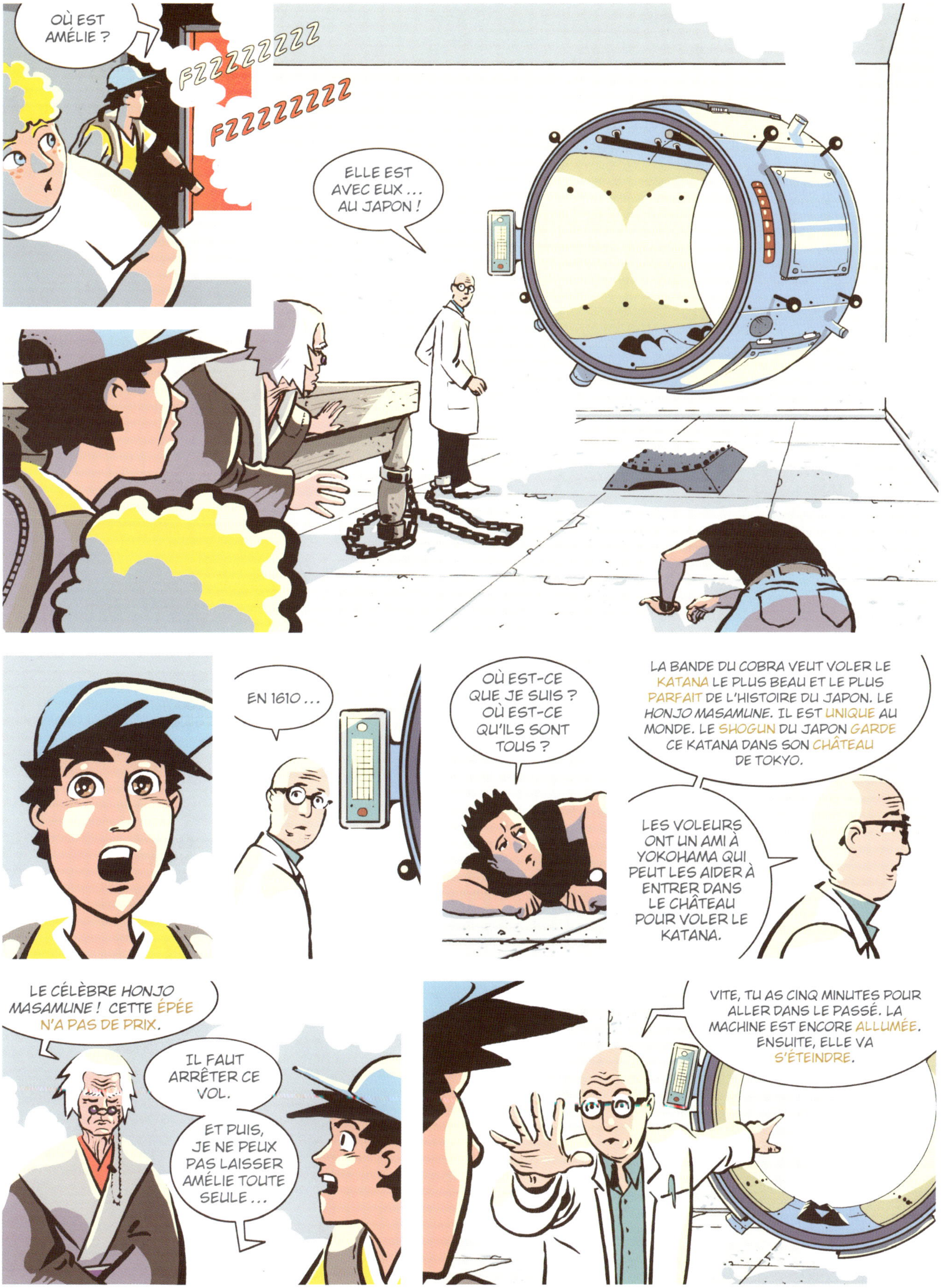
OÙ EST AMÉLIE ?
FZZZZZZZZ
FZZZZZZZZ
ELLE EST AVEC EUX… AU JAPON !
EN 1610…
OÙ EST-CE QUE JE SUIS ? OÙ EST-CE QU'ILS SONT TOUS ?
LA BANDE DU COBRA VEUT VOLER LE KATANA LE PLUS BEAU ET LE PLUS PARFAIT DE L'HISTOIRE DU JAPON. LE HONJO MASAMUNE. IL EST UNIQUE AU MONDE. LE SHOGUN DU JAPON GARDE CE KATANA DANS SON CHÂTEAU DE TOKYO.
LES VOLEURS ONT UN AMI À YOKOHAMA QUI PEUT LES AIDER À ENTRER DANS LE CHÂTEAU POUR VOLER LE KATANA.
LE CÉLÈBRE HONJO MASAMUNE ! CETTE ÉPÉE N'A PAS DE PRIX.
IL FAUT ARRÊTER CE VOL.
ET PUIS, JE NE PEUX PAS LAISSER AMÉLIE TOUTE SEULE…
VITE, TU AS CINQ MINUTES POUR ALLER DANS LE PASSÉ. LA MACHINE EST ENCORE ALLUMÉE. ENSUITE, ELLE VA S'ÉTEINDRE.

MON ONCLE, JE PARS AVEC PIERRE.
IL EST COURAGEUX MAIS IL EST TRÈS JEUNE. EN PLUS, JE SUIS POLICIER ET JE PARLE JAPONAIS.
VOILÀ LA CLÉ.
CLIC
POUR REVENIR DANS LE PRÉSENT, VOUS POUVEZ M'INFORMER AVEC CET APPAREIL. IL FAUT APPUYER SUR LE BOUTON ROUGE.
MAIS ATTENTION, L'APPAREIL A TROIS JOURS DE BATTERIE ET DANS LE PASSÉ, IL N' Y A PAS DE CHARGEUR. VOUS DEVEZ FAIRE VITE.
ET AU JAPON, OÙ SE TROUVE LA MACHINE POUR REVENIR DANS LE PRÉSENT ?
À L'ENDROIT OÙ VOUS ALLEZ ARRIVER.
MAIS JE SUIS LE SEUL À POUVOIR ALLUMER LA MACHINE DEPUIS ICI.
ET MOI ?
TU N'AS PAS BESOIN DE VENIR AVEC NOUS, HUGO. TU PEUX ALLER À LA POLICE ?
OUI, BIEN SÛR.
MAMAN
MAMAN, JE VAIS FAIRE DU CAMPING AVEC MES AMIS. JE RENTRE DANS TROIS JOURS. BISOUS.
BONNE CHANCE !
FZZZZZZZZ
WHOOOSH
FZZZZZZZZ
ZZZZZZZZZZ

AHHH !
WAOUH !
JAPON, 1610.
TARO ! C'EST INCROYABLE ! ON EST VRAIMENT AU JAPON EN 1610 ?
C'EST DIFFICILE À CROIRE, MAIS OUI, NOUS SOMMES DANS LE PASSÉ.
ALLONS-Y.
WAOUH !
BONJOUR. NOUS CHERCHONS DES ÉTRANGERS.
?
ILS PORTENT DES VÊTEMENTS NOIRS. IL Y A UNE JEUNE FILLE AVEC EUX.
ILS SONT À YOKOHAMA. AU BOUT DU CHEMIN.
L'HOMME DIT QUE LES VOLEURS ET AMÉLIE SONT ICI, EN VILLE.

BONJOUR ! NOUS CHERCHONS LES ÉTRANGERS. VOUS SAVEZ OÙ ILS SONT ?
LES ÉTRANGERS ?
OUI, DES HOMMES HABILLÉS EN NOIR ET UNE JEUNE FILLE AVEC LES CHEVEUX CHÂTAINS.
HMMMM.
ALLONS VOIR MON CHEF. PAR ICI…
JE PARLE AVEC EUX ET APRÈS JE T'EXPLIQUE, D'ACCORD ?
BONJOUR MONSIEUR LE SAMOURAÏ, JE M'APPELLE TARO ET MON AMI S'APPELLE PIERRE. NOUS VENONS D'UN PAYS TRÈS LOIN D'ICI.
NOUS CHERCHONS NOTRE AMIE, UNE JEUNE FILLE AVEC LES CHEVEUX CHÂTAINS. ELLE EST PRISONNIÈRE D'UNE BANDE DE VOLEURS.
MON NOM EST HONDA. BIENVENUE DANS MA MAISON.
MES ESPIONS M'INFORMENT QUE LES ÉTRANGERS ET LA JEUNE FILLE SONT DANS LA MAISON DE LA FAMILLE INABA.
LA FAMILLE INABA ? VOUS ÊTES AMIS ?
NON, CE SONT MES ENNEMIS !
ALORS, J'AI UNE INFORMATION IMPORTANTE POUR VOUS.
LES ÉTRANGERS VEULENT VOLER LE GRAND HONJO MASAMUNE.
MENSONGE ! JE NE TE CROIS PAS, ÉTRANGER.

C'EST VRAI, MONSIEUR HONDA. LES ÉTRANGERS SONT DES VOLEURS TRÈS DANGEREUX. ILS SONT AU JAPON POUR VOLER LE CÉLÈBRE KATANA.
CETTE ÉPÉE EST TRÈS IMPORTANTE POUR LES JAPONAIS. ELLE NE PEUT PAS SORTIR DU PAYS.
OUI, ET NOUS ALLONS VOUS AIDER. NOUS VOULONS RETROUVER NOTRE AMIE.
LES VOLEURS SONT AMIS DE LA FAMILLE INABA ?
JE CROIS QUE OUI.
C'EST UNE FAMILLE TRÈS PUISSANTE. ILS ONT BEAUCOUP DE SOLDATS. JE DOIS INFORMER LE SHOGUN. MAIS C'EST DANGEREUX DE VOYAGER LA NUIT JUSQU'À TOKYO.
VOUS DEVEZ VOUS REPOSER. VOUS POUVEZ DORMIR CHEZ MOI.
ICHIRO, TU PEUX PRÉPARER UN BAIN À NOS AMIS ?
DONC LA BANDE DU COBRA ET LA FAMILLE INABA VEULENT VOLER CE CÉLÈBRE KATANA.
湯
CE BAIN EST GÉNIAL !
SUPER ! LE DÎNER !
J'AI FAIM !
IL Y A DU RIZ...
DU POISSON...
ET DE LA SOUPE...
PENDANT CE TEMPS...
POLICE
HA, HA, HA ! UNE MACHINE À REMONTER LE TEMPS !
OUI, MON NEVEU EST EN CE MOMENT AU JAPON EN L'AN 1610.
AU JAPON ? EN 1610 ?

J'AI BEAUCOUP DE TRAVAIL. JE N'AI PAS LE TEMPS POUR CES HISTOIRES RIDICULES !
SORTEZ !
DÉTECTIVE DUPONT
MON NEVEU EST POLICIER. IL S'APPELLE TARO. TARO TANAKA.
JE NE CONNAIS PAS DE TARO TANAKA. SORTEZ !
POLICE
QU'EST-CE QU'ON FAIT MAINTENANT ?
JE VAIS CHEZ MA SŒUR. LA BANDE DU COBRA SURVEILLE MA MAISON. JE NE SUIS PAS EN SÉCURITÉ. TU PEUX GARDER CET APPAREIL ?
SI LA LUMIÈRE S'ALLUME, APPELLE-MOI, D'ACCORD ?
MON NUMÉRO EST LE ZÉRO SIX, QUARANTE ET UN, SOIXANTE-DIX-HUIT, CINQUANTE-TROIS, ZÉRO CINQ.
PLUS TARD…
JE N'AIME PAS AVOIR CET APPAREIL. QUELLE RESPONSABILITÉ !
SALUT MON GARS !
OÙ TU VAS ?
OÙ EST TON COPAIN ?
JE NE SAIS PAS…
JE VEUX LUI PARLER.
AÏE ! L'APPAREIL ! NON ! …
QU'EST-CE QUE TU AS DANS TON SAC ?
UNE TABLETTE DE CHOCOLAT, J'ADORE !
HA, HA, HA !
HÉ LES AMIS, VOILÀ NOTRE GOÛTER. HA, HA, HA !
chocolat

QUELLE CHANCE ! DU CHOCOLAT !
OUF ! QUELLE BANDE D'IMBÉCILES !
HMMM, C'EST BON !
AU JAPON...
BONNE NUIT.
À DEMAIN.
FUUUU
DEUX HEURES PLUS TARD...
LES ÉTRANGERS DORMENT. ALLONS-Y !
?
PAF
SLASH
AU SECOURS !
ATTENTION TARO !
DES NINJAS !
?
?

SORTEZ DE CETTE MAISON !
LE MATIN SUIVANT ...
JE VEUX SORTIR D'ICI.
DANS LA MAISON DE HONDA ...
MONSIEUR HONDA PENSE QUE LES NINJAS DE LA NUIT DERNIÈRE SONT DES ESPIONS DE LA FAMILLE INABA.
MONSIEUR HONDA, J'AI DES INFORMATIONS POUR VOUS.
QU'EST-CE QUI SE PASSE ICHIRO ?
LES ÉTRANGERS NE SONT PLUS À YOKOHAMA. NOS ESPIONS DISENT QU'ILS VONT À TOKYO, AU CHÂTEAU DU SHOGUN.
LE CHEF DE LA FAMILLE INABA EST AVEC EUX. ILS ONT UN PLAN POUR ENTRER DANS LE CHÂTEAU.
ILS VEULENT OFFRIR LA JEUNE FILLE AU SHOGUN.
ET ENSUITE VOLER LE KATANA.
IL FAUT INFORMER LE SHOGUN.
QUATRE CHEVAUX ! VITE !

ICHIRO, TU DOIS ALLER AU CHÂTEAU DE MONSIEUR OKUBO. CE MESSAGE EST POUR LUI. MONSIEUR OKUBO EST UN AMI DU SHOGUN, IL PEUT NOUS AIDER.
NOUS, NOUS PARTONS À TOKYO.
TU SAIS MONTER À CHEVAL ?
OUI, JE FAIS SOUVENT DU CHEVAL AVEC MA MÈRE. J'ADORE !
UNE HEURE PLUS TARD...
QU'EST-CE QUI SE PASSE ?
LÀ DEVANT ! LES SOLDATS DU SHOGUN.
BONJOUR, JE SUIS MONSIEUR HONDA.
BONJOUR MONSIEUR HONDA.
DÉSOLÉ, MAIS VOUS NE POUVEZ PAS PASSER, CE SONT LES TERRES DU SHOGUN.
QUI EST CET ÉTRANGER DERRIÈRE VOUS ?
C'EST MON AMI. NOUS DEVONS PASSER. NOUS AVONS UN MESSAGE POUR LE SHOGUN.
DÉSOLÉ. PERSONNE NE PEUT PASSER SANS LA PERMISSION DU SHOGUN.
UN MOMENT...

UN PEU DE MUSIQUE ?
?
LA MÊME
GIMS
LA MÊME
GIMS
AU SECOURS ! AU SECOURS ! IL Y A QUELQU'UN À L'INTÉRIEUR !
QUELQU'UN D'AUTRE VEUT ESSAYER ?
FLASH
AU SECOURS !
AU SECOURS !
PLUS LOIN, DANS LE CHÂTEAU DU SHOGUN.
MONSIEUR, LE SHOGUN A BESOIN D'UNE FEMME. NOUS VOULONS LUI OFFRIR UNE BELLE JEUNE FILLE. ELLE EST ÉTRANGÈRE. ELLE A LES CHEVEUX CLAIRS COMME DU MIEL.
MERCI MONSIEUR INABA. AUJOURD'HUI LE SHOGUN EST FATIGUÉ. NOUS POUVONS FAIRE LA CONNAISSANCE DE CETTE JEUNE FILLE DEMAIN.

AUJOURD'HUI, NOUS NE POUVONS PAS VOIR LE SHOGUN. IL FAUT ATTENDRE DEMAIN. JE CROIS QUE LE KATANA EST DANS SA CHAMBRE.
GRRR.
À L'EXTÉRIEUR DU CHÂTEAU.
NOUS DEVONS PARLER AU SHOGUN. IL Y A DES VOLEURS À L'INTÉRIEUR.
DÉSOLÉ, VOUS NE POUVEZ PAS ENTRER.
VOUS NE POUVEZ PAS ENTRER. DÉGAGEZ !
ON NE PEUT RIEN FAIRE. IL FAUT ATTENDRE ICHIRO. UNE LETTRE SIGNÉE PAR MONSIEUR OKUBO EST NOTRE SEULE CHANCE D'ENTRER. ALLONS MANGER QUELQUE CHOSE. J'AI FAIM.
MON ASSISTANT SURVEILLE LES CHEVAUX DEHORS.
TARO, LA BATTERIE DE L'APPAREIL DIMINUE. QU'EST-CE QU'ON VA FAIRE ?
DÉSOLÉ PIERRE, MAIS IL FAUT ATTENDRE ICHIRO. NOUS ALLONS DORMIR ICI CETTE NUIT.
LE MATIN SUIVANT ...
J'AI FROID ...
OH LA LA !
TARO !
L'APPAREIL ! IL N'A PRESQUE PLUS DE BATTERIE. IL FAUT TROUVER AMÉLIE ET RENTRER À LA MAISON. JE NE VEUX PAS RESTER DANS LE PASSÉ.
?
MOI NON PLUS ...
MONSIEUR HONDA !
QU'EST-CE QUI SE PASSE ?
MONSIEUR, NOUS ALLONS AU CHÂTEAU, NOUS NE POUVONS PAS ATTENDRE PLUS LONGTEMPS.
MAIS POURQUOI ?
HEUUU ! C'EST UNE LONGUE HISTOIRE.

DANS LE PALAIS…
LE KATANA ! IL EST LÀ !
MONSIEUR INABA ! ON VA ÊTRE RICHES ! HÉ HÉ HÉ !
TRÈS BIEN, VOUS POUVEZ ENTRER.
ALLONS-Y !
À L'EXTÉRIEUR DU CHÂTEAU…
ENCORE VOUS ?
SOLDATS ! NOUS ALLONS ENTRER !

ARRIÈRE !
MONSIEUR ! MONSIEUR !
?
?
J'AI LA LETTRE ! J'AI LA LETTRE !
LE KATANA EST DERRIÈRE LE SHOGUN.
MONSIEUR LE SHOGUN, CES ÉTRANGERS VEULENT VOUS RENCONTRER. ILS VOUS OFFRENT CETTE JEUNE FILLE COMME ÉPOUSE.
JE NE VEUX PAS DE JEUNE FILLE. SI VOUS N'AVEZ RIEN DE VALEUR POUR MOI, VOUS POUVEZ PARTIR.
JE SUIS FATIGUÉ DE CETTE COMÉDIE !
LES AMIS, PRENEZ LE KATANA ET LES AUTRES TRÉSORS !
QUE FAITES-VOUS ÉTRANGERS ?
SOLDATS !

?
?
BANG
CRAAAC
NE BOUGEZ PAS ! NOUS VOULONS SEULEMENT LE TRÉSOR.
VITE !
LA CHAMBRE DU SHOGUN EST EN HAUT.
ILS SONT DÉJÀ LÀ. MAIS J'AI UNE IDÉE.
PAR LÀ.
PAF
MAINTENANT !
?

PAN
JE DÉTESTE LES VOLEURS !
AHHHH !
CRASH
CRASH
OUUUILLE !
PAF
ET TOI ? OÙ TU VAS ?
?
CRAASH

CINQ MINUTES PLUS TARD...
PIERRE !
AMÉLIE ! ÇA VA ?
EMMENEZ CES VOLEURS À LA PRISON DU CHÂTEAU.
ÉTRANGERS. MERCI D'AVOIR SAUVÉ LE HONJO MASAMUNE. CETTE ÉPÉE EST TRÈS IMPORTANTE POUR LES JAPONAIS.
VOUS POUVEZ RESTER QUELQUES JOURS DANS MON CHÂTEAU.
VOUS ÊTES MES INVITÉS.
DÉSOLÉ MONSIEUR, MAIS NOUS DEVONS RENTRER À YOKOHAMA AU PLUS VITE.
QU'EST-CE QUE C'EST, ÉTRANGER ?
LE SHOGUN VEUT SAVOIR CE QUE C'EST.

C'EST UN SKATEBOARD.
ÇA SERT À ALLER PLUS VITE.
YOUHOU !
?
TARO, LE SHOGUN PEUT GARDER MON SKATEBOARD.
MON AMI VOUS OFFRE SON SKATEBOARD.
MERCI ÉTRANGER. TU ES GÉNÉREUX. MOI AUSSI, JE VEUX VOUS DONNER QUELQUE CHOSE.
MERCI BEAUCOUP MONSIEUR.
WAOUH !
MONSIEUR ! MONSIEUR ! L'ARMÉE D'AKITA NOUS ATTAQUE !

AKITA NOUS ATTAQUE ? IL Y A COMBIEN DE SOLDATS ?
ENVIRON 5000, MONSIEUR.
MON ARMURE, VITE !
IL FAUT APPELER TOUS NOS SOLDATS !
AU REVOIR, ÉTRANGERS ! BONNE CHANCE !
PAR ICI, VITE !
OÙ ALLEZ-VOUS ? VOUS NE POUVEZ PAS NOUS LAISSER ICI, DANS LE PASSÉ !
AU SECOURS ! AU SECOURS !
SOLDATS ! NOUS DEVONS PROTÉGER LE CHÂTEAU !
400 ANS PLUS TARD, DANS LE PRÉSENT ...
RENÉ, JE TE PRÉSENTE MONSIEUR CHARRON. IL EST POLICIER. C'EST UN AMI.
JE VOUS ÉCOUTE. VOUS POUVEZ TOUT ME RACONTER.

UNE HEURE PLUS TARD...
CE CHEVAL EST TRÈS FATIGUÉ. IL DOIT SE REPOSER UN PEU.
MAIS NOUS N'AVONS PAS LE TEMPS !
QUAND EST-CE QUE NOUS ARRIVONS À YOKOHAMA ?
DANS UNE HEURE.
OUFFF !
VOUS POUVEZ PRENDRE MON CHEVAL. IL EST JEUNE ET FORT.
IL PEUT VOUS EMMENER TOUS LES DEUX À YOKOHAMA EN TRENTE MINUTES.
PARFAIT ! MERCI BEAUCOUP, ICHIRO !
AMÉLIE, DESCENDS, ON CHANGE DE CHEVAL.
AU REVOIR ÉTRANGERS, BONNE CHANCE.
AU REVOIR MONSIEUR HONDA. MERCI POUR TOUT !
ET DANS CE MAGASIN, IL Y A TOUS LES TRÉSORS DES MUSÉES ?
OUI ! ET MA MACHINE À REMONTER LE TEMPS.
JE COMPRENDS, ALLONS-Y !
EXCUSEZ-MOI.
DRIIING DRIIING
ALLO ? C'EST QUI ?
BONJOUR HUGO, COMMENT VAS-TU ?
BIEN, MAIS JE SUIS UN PEU INQUIET. PIERRE N'APPELLE PAS.
C'EST BIZARRE. DÉJÀ TROIS JOURS QU'ILS SONT AU JAPON. L'APPAREIL NE DOIT PLUS AVOIR BEAUCOUP DE BATTERIE...

JE SUIS AVEC UN AUTRE POLICIER. C'EST UN AMI DE MA SŒUR. NOUS ALLONS À LA QUINCAILLERIE.
TRÈS BIEN, MOI AUSSI.
ON SE RETROUVE LÀ-BAS DANS QUARANTE MINUTES.
À TOUT À L'HEURE.
JE VAIS APPELER DES COLLÈGUES. C'EST PLUS SÛR.
ENCORE TOI ?
EH ! OÙ TU VAS ?
TU NE VEUX PAS ME PARLER ?
ALLEZ !
QU'EST-CE QUI SE PASSE, MON GARS ? TU AS PEUR ?
JE VEUX JUSTE VOIR CE QU'IL Y A DANS TON SAC À DOS...
... QUELQUE CHOSE À MANGER ?
DONNE-MOI TON SAC !
HA, HA, HA !
ON A QUINZE MINUTES DE BATTERIE.
LÀ, LÀ ! LES AMIS, LA SORTIE EST LÀ !
VITE !

PENDANT CE TEMPS, À LA QUINCAILLERIE...
C'EST LÀ.
QUINCAILLERIE
?
UN PEU PLUS LOIN...
MON SAC À DOS !
TU VEUX TON SAC À DOS ? HA, HA, HA !
HIIII
QU'EST-CE QUI SE PASSE ICI ? ÇA VA HUGO ?
TU AS UN PROBLÈME, GRAND-PÈRE ?
NON, ET TOI ?
AUJOURD'HUI MON CHIEN EST UN PEU NERVEUX.
MAMAN !
WHAF WHAF WHAF
ALLONS-Y, HUGO. ON VA AU MAGASIN. LE SCIENTIFIQUE NOUS ATTEND.
AU SECOURS !
QU'EST-CE QUE VOUS FAITES ICI, MONSIEUR DUPONT ?
J'ENQUÊTE SUR LE VOL DE CES TRÉSORS, ET VOUS ?
VRAIMENT ? VOUS ÊTES TOUT SEUL AVEC LES VOLEURS, IL N'Y A PAS D'AUTRES POLICIERS...
ET LES VOLEURS EMPORTENT LES TRÉSORS DEVANT VOS YEUX.
QU'EST-CE QUE VOUS DITES ?
JE DIS QUE VOUS ÊTES AVEC LA BANDE DU COBRA.
POLICIERS ! LES MENOTTES !
ENFIN !
PIERRE ! VITE ! L'APPAREIL !

DEUX MINUTES DE BATTERIE.
CLICK
ET MAINTENANT ?
ON CROISE LES DOIGTS !
RENÉ, RENÉ !
ILS APPELLENT.
QUINCAILLERIE
L'APPAREIL.
TRÈS BIEN.
ON COMMENCE.
WHOOOSH
FZZZZZZZZ
LA MACHINE À REMONTER LE TEMPS !
ON RENTRE À LA MAISON !
AAAAH !
ZZZZZZZZ
FZZZZZZZZ
PIERRE ! AMÉLIE ! ÇA VA ?
QUELLE AVENTURE HUGO !
COMMENT ÇA VA, MON NEVEU ?
MONSIEUR, CET ENDROIT EST REMPLI DE TRÉSORS.
OUI, C'EST LE REPAIRE DE LA BANDE DU COBRA. DUPONT ET SES VOLEURS VONT PASSER LONGTEMPS EN PRISON.

ET LE KATANA DU SHOGUN ?
JE CROIS QU'IL NE VA PAS SORTIR DU JAPON. ET LES VOLEURS NON PLUS...
?
ON VEUT SORTIR !
ON VEUT REVENIR DANS LE PRÉSENT !
AU SECOURS !
ILS PARTENT ! VICTOIRE !
VICTOIRE !
VICTOIRE !
QUELQUES JOURS PLUS TARD, DANS LE PRÉSENT...
TOUS LES TRÉSORS REVIENNENT DANS LES MUSÉES.
GRÂCE À L'OR DU SHOGUN, JE PEUX M'ACHETER UN NOUVEAU SKATEBOARD.
VOUS VENEZ L'ACHETER AVEC MOI ?
BIEN SÛR !
SUPER SYMPA LE SHOGUN !
CALIMAN
FIN

Pour terminer...

7 **Corrige les erreurs des phrases suivantes. Attention, une de ces phrases est correcte.**

Exemple : **Les voleurs voyagent dans le passé avec ~~Hugo~~.**
Les voleurs voyagent dans le passé avec Amélie.

a. Au Japon, Pierre et Taro dorment dans la maison de la famille Inaba.

....

b. La bande du Cobra veut voler une figurine de l'empereur de Chine.

....

c. Le policier Dupont croit l'histoire d'Hugo, de Shinobu et du scientifique.

....

d. Pierre et Taro arrivent à Tokyo avant les voleurs.

....

e. Pierre et ses amis n'ont pas besoin de la lettre d'Okubo pour entrer dans le château.

....

f. Pierre, Taro et Amélie retournent dans le présent avec le katana de l'empereur.

....

g. Les policiers qui arrivent à la quincaillerie rencontrent un autre policier, ami des voleurs.

....

h. Pierre va acheter un **vélo** avec l'or du shogun.

....

8 **Retourne à l'activité 2 (page 4) et écris les lieux qui apparaissent dans cette histoire.**

Dans cette histoire, il y a...

....

....

....

9 9.1 **Que fait Pierre le jour de la course ? Regarde les images et écris les actions dans l'ordre.**

D'abord, Pierre .... à 8 h 45, puis il .... dans sa chambre. Ensuite, ... dans la cuisine et enfin, il va à la course de skateboard.

9.2 Et toi, qu'est-ce que tu fais chaque jour ? Relie les verbes et les images puis **décris** à droite, ta journée.

a) Se lever ▢ b) Déjeuner ▢ c) Se doucher ▢

1

2
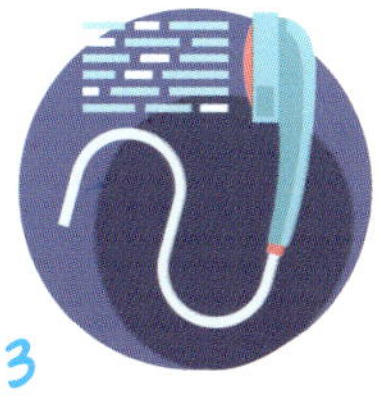
3

Le matin, d'abord je ....
Ensuite, je ....
Enfin, je ....

d) Goûter ▢ e) Rentrer à la maison ▢ f) **Faire ses devoirs** ▢

4

5

6

Après l'école, je ....
Puis, je ....
Enfin, je ....

g) Se laver les dents ▢ h) Diner ▢ i) Se coucher ▢

7

8

9

Le soir, d'abord je ....
Puis, je ....
Enfin, je ....

9.3 Cherche les verbes pronominaux dans l'activité 9.2 et écris-les ci-dessous :

Exemple : se lever

....

....

....

....

....

9.4 Quels sont les autres verbes pronominaux que tu connais ?

10 Relie les expressions et les émojis suivants :

● *BONNE CHANCE !* ● *BRAVO !* ● *ATTENTION !* ● *AU SECOURS !* ● *C'EST BIZARRE !*

………………… ………………… ………………… ………………… …………………

Pierre **échange** des messages par téléphone avec ses amis. **Remplace** les émojis par les expressions.

Amélie : ………………… pour le contrôle de mathématiques de demain.

Moi : ………………… C'est demain, et je n'ai pas commencé à réviser.

Amélie : ………………… **D'habitude**, tu es plus sérieux et **organisé**.

Moi : Ha, ha, ha ! C'est vrai, je pense **trop** à la course de skateboard.

Amélie : Alors ce contrôle de mathématiques ?

Moi : Super, j'ai 17 sur 20.

Amélie : ………………… Tu dis toujours que tu vas avoir une mauvaise note.

Moi : C'est vrai, je suis toujours **angoissé** avant les contrôles.

Moi : Et toi, tu as combien ?

Amélie : 18

Moi : Les amis, je vais me coucher, demain c'est la course.

Hugo : C'est vrai …………………

Amélie : Oui ………………… Mais ………………… Lucas est dangereux.

Moi : Merci les amis. À demain !

Amélie : À demain !

Hugo : À demain !

11

À la fin de l'histoire, Pierre a le projet d'acheter un skateboard avec l'or du shogun. Et toi ? Quels sont tes projets pour la journée, le week-end, les vacances ?

Décris tes projets. Utilise aller à + infinitif

Exemple : Cet après-midi, je vais jouer à la console avec mes amis. Ensuite, nous allons manger une glace. Enfin, nous allons voir un film au cinéma.

12

Dans l'histoire, Taro et Pierre mangent du riz, de la soupe miso et du poisson. Ce sont trois plats typiques de la gastronomie japonaise. Quels sont les plats typiques de ton pays ? Lesquels est-ce que tu préfères ? Raconte-le à tes amis.

Exemple : Dans mon pays, il y a un plat typique qui s'appelle ....
Le plat que je préfère c'est ....

13

Quand il a du temps libre, Pierre aime faire du skateboard. Et toi, qu'est-ce que tu fais quand tu as du temps libre ? Pense à une activité que tu aimes, une activité que tu n'aimes pas trop et une activité que tu détestes. Échange avec tes amis.

Glossaire

Français	English	Español
Page 4		
Découvrir	To discover	Descubrir
Personnage	Character	Personaje
Histoire	Story	Historia
Relier	To match	Relacionar
Taches de rousseur	Freckles	Pecas
Lire	To read	Leer
Lieu	Place	Lugar
Compléter	To complete	Completar
Grille	Grid	Cuadrícula
Mots croisés	Crosswords	Crucigrama
Magasin	Shop	Tienda
Vendre	To sell	Vender
Bijou	Jewel	Joya
Aliment en conserve	Canned food	Comida en conserva
Prendre	To take	Tomar
Médicament	Medicine	Medicina
Quincaillerie	Hardware store	Ferretería
Outil	Tool	Herramienta
Bricolage	Do-it-yourself	Bricolaje
Deviner	To guess	Adivinar
Travailler	To work	Trabajar
Fête	Party	Fiesta
Quelque chose	Something	Algo
Page 5		
Lycée	High School	Instituto
Élève	Student	Alumno/a
Sympa (sympathique)	Nice	Simpático/a
Réviser	To revise	Repasar
Contrôle	Test	Control
Frisé/ée	Curly	Rizado/a
Page 6		
Gagner	To win	Ganar
Course	Race	Carrera
Gars	Guys	Chicos
Pleurer	To cry	Llorar
Bête	Stupid	Tonto/a
Courageux/euse	Courageous	Valiente
Faire peur	To scare	Dar miedo
S'amuser	To have fun	Divertirse
Lourd/e	A pain	Pesado/a
Embêter	To annoy	Molestar
Page 7		
Encore	Again	Otra vez
Page 8		
Obstacle	Obstacle	Obstáculo
Être prêt/e	To be ready	Estar listo/a
Bonne chance	Good luck	Buena suerte
Arrivée	Finish	Meta

Français	English	Español
Page 9		
Se rapprocher	To get closer	Acercarse
Page 10		
Coureur/euse	Runner	Corredor/a
Doubler	To overtake	Pasar
À nouveau	Again	De nuevo
Devant	In front of	Delante
Gagnant/e	Winner	Ganador/a
S'arrêter	To stop	Parar
Page 11		
Respect	Respect	Respeto
Filer	To run away	Salir corriendo
Contre	Against	Contra
Peut-être	Maybe	Tal vez
Par-dessus	Over	Por encima
Voie ferrée	Track	Vía del tren
Page 12		
Quartier	Neighbourhood	Barrio
Tourner	To turn	Girar
Épicerie	Grocery	Supermercado
Poubelle	Dumpster	Contenedor
Danger	Danger	Peligro
Camionnette	Van	Furgoneta
Page 13		
Bizarre	Weird	Raro/a
Juste	Just	Solo
Il faut	It is Necessary	Hay que
Chef/Cheffe	Boss	Jefe/a
Antiquaire	Antiquarian	Anticuario/a
Page 14		
Avoir sommeil	To be tired	Tener sueño
Incroyable	Incredible	Increíble
Voleur/voleuse	Thief	Ladrón/Ladrona
Voler	To steal	Robar
Chercher	To search	Buscar
Tableau	Painting	Cuadro
Ressembler	To look like	Parecerse
À plus tard	See you later	Hasta luego
Horloge	Clock	Reloj
Page 15		
Célèbre	Famous	Famoso/a
Statuette	Statuette	Estatuilla
Identique	Identical	Idéntico/a
Cité interdite	Forbidden City	Ciudad Prohibida
Ancien/ne	Old	Antiguo/a
Dater	To date	Datar
Siècle	Century	Siglo
Avoir trouvé	To have found	Haber encontrado
Page 16		
Acheter	To buy	Comprar

Français	English	Español
Désolé	I'm sorry	Lo siento
Enquête	Investigation	Investigación
Bien sûr	Of course	Por supuesto
Pas de problème	No problem	Ningún problema
Avoir envie	To want	Tener ganas
Retourner	To go back	Volver
Page 17		
Au secours	Help	Soccoro
Entendre	To hear	Oír
Quelqu'un	Someone	Alguien
Du calme	Calm down	Calma
Page 18		
Crier	To shout	Gritar
Page 19		
Journal	Newspaper	Periódico
La suite	The following	La continuación
Vague	Wave	Ola
Piller	To loot	Saquear
Montrer	To show	Enseñar
Dangereux/euse	Dangerous	Peligroso/a
Page 20		
S'inquiéter	To worry	Preocuparse
Page 22		
À l'aide	Help	Ayuda
Maudit/e	Damned	Maldito/a
Machine à remonter le temps	Time machine	Máquina del tiempo
Dernier/Dernière	The last	Último/a
Invention	Invention	Invento
Cause	Cause	Causa
Page 23		
Bande	Gang	Banda
Laisser	To leave	Dejar
Pièce	Room	Habitación
Utiliser	To use	Usar
Valeur	Value	Valor
Marché noir	Black market	Mercado negro
Disparaître	To disappear	Desaparecer
Enlever	To remove	Quitar
Menottes	Handcuffs	Esposas
D'abord	First	Primero
Clé	Key	Llave
Tiroir	Drawer	Cajón
Curieux	Curious	Curioso/a
Attacher	To tie	Atar
Page 24		
Choisir	To choose	Elegir
Goûter	To have a snack	Merendar
Provoquer	To provoke	Provocar
Page 25		
Indiquer	To indicate	Indicar
Antipathique	Unfriendly	Antipático/a
Aimable	Kind	Amable
Mal élevé	Rude	Maleducado/a
Immature	Immature	Inmaduro/a
Appareil	Device	Aparato
Servir à	To be used for	Servir para
Informations	News	Noticias
Se trouver	To be located	Encontrarse
Courriel	E-mail	Correo electrónico
Vêtements	Clothes	Ropa
Linge	Laundry	Colada
Conserver	To keep	Conservar
Page 27		
Katana (sabre japonais)	Katana	Catana
Parfait/e	Perfect	Perfecto/a
Unique	Unique	Único/a
Shogun (chef militaire japonais)	Shogun	Sogún
Garder	To keep	Guardar
Château	Castle	Castillo
Épée	Sword	Espada
N'avoir pas de prix	To be priceless	No tener precio
Allumé/e	Switched on	Encendido/a
S'éteindre	To switch off	Apagarse
Page 28		
Revenir	To return	Volver
Appuyer	To push	Pulsar
Bouton	Button	Botón
Batterie	Battery	Batería
Chargeur	Charger	Cargador
Endroit	Place	Lugar
Le seul/la seule	The only one	El único/la única
Depuis	From	Desde
Bisous	Kisses	Besos
Page 29		
Vraiment	Really	Realmente
Croire	To believe	Creer
Étranger/Étrangère	Foreigner	Extranjero/a
Au bout	At the end	Al final
Chemin	Path	Camino
Page 30		
Pays	Country	País
Prisonnier/Prisonnière	Prisoner	Prisionero/a
Espion/ne	Spy	Espía
Ennemi/e	Enemy	Enemigo/a
Mensonge	Lie	Mentira

Français	English	Español
Page 31		
Vrai	True	Verdad
Puissant/e	Powerful	Poderoso/a
Soldat	Soldier	Soldado
Voyager	To travel	Viajar
Se reposer	To rest	Descansar
Donc	So	Entonces
Pendant ce temps	Meanwhile	Mientras tanto
Page 32		
Ridicule	Ridiculous	Ridículo/a
Surveiller	To watch	Vigilar
Sécurité	Safety	Seguridad
Garder	To keep	Guardar
Lumière	Light	Luz
Responsabilité	Responsibility	Responsabilidad
Copain/Copine	Friend	Amigo/a
Tablette	Bar	Tableta
Page 33		
Imbécile	Fool	Imbécil
Page 34		
Qu'est-ce qui se passe ?	What's happening?	¿Qué pasa?
Offrir	To offer a gift	Regalar
Cheval	Horse	Caballo
Page 35		
Message	Message	Mensaje
Monter à cheval	To ride a horse	Montar a caballo
Terre	Land	Tierra
Derrière	Behind	Detrás
Permission	Permission	Permiso
Page 36		
Quelqu'un d'autre	Someone else	Alguien más
Essayer	To try	Probar
Clair/e	Light	Claro/a
Miel	Honey	Miel
Faire la connaissance	To meet	Conocer
Page 37		
Dégager	To leave	Largarse
Signé/e	Signed	Firmado/a
Assistant/e	Assistant	Ayudante
Dehors	Outside	Fuera
Diminuer	To decrease	Disminuir
Presque	Almost	Casi
Rentrer	To go back	Volver
Page 39		
Arrière !	¡Go back!	¡Atrás!
Comédie	Masquerade	Teatro
Page 40		
Bouger	To move	Moverse

Français	English	Español
Page 42		
Emmener	To take	Llevar
Prison	Prison	Cárcel
Avoir sauvé	To have saved	Haber salvado
Rester	To stay	Quedarse
Invité/e	Guest	Invitado/a
Page 43		
Armée	Army	Ejército
Attaquer	To attack	Atacar
Page 44		
Environ	About	Alrededor de
Armure	Armour	Armadura
Protéger	To protect	Proteger
Raconter	To tell	Contar
Page 45		
Descendre	To go down	Bajar
Inquiet/inquiète	Worried	Inquieto/a
Page 46		
Collègue	Colleague	Colega
Page 47		
Emporter	To take	Llevar
Enfin !	Finally!	¡Por fin!
Page 48		
Croiser les doigts	To cross fingers	Cruzar los dedos
Rempli/e	Filled	Lleno/a
Repaire	Den	Guarida
Page 49		
Or	Gold	Oro
Page 50		
Corriger	To correct	Corregir
Erreur	Mistake	Error
Phrase	Sentence	Frase
Vélo	Bike	Bici
Apparaître	To appear	Aparecer
Dans l'ordre	In order	En orden
Page 51		
Décrire	To describe	Describir
Faire les devoirs	To do the homework	Hacer los deberes
Page 52		
Échanger	To exchange	Intercambiar
Remplacer	To replace	Reemplazar
D'habitude	Usually	Generalmente
Organisé/e	Organized	Organizado/a
Trop	Too much	Demasiado/a
Angoissé/e	Anxious	Angustiado/a
Page 53		
Projet	Project	Poyecto
Console	Game console	Consola
Plat	Dish	Plato
Lesquels	Which	Cuáles